평범한 우리 어린이들을 다음 세대
위인으로 만들어 줄 교과서 위인 이야기!
효리원의 교과서 위인 이야기는 초등학교
교과 과정에 나오는 국내외 위인들을, 우리나라
최고 아동 문학가 53인이 재미있게 동화로 구성했습니다.
지혜와 용기로 위대한 삶을 산 위인들의 이야기는,
어린이들의 마음속에 '나도 할 수 있다.'는
희망의 씨앗을 심어 줄 것입니다!

KB192172

일러두기

1. 띄어쓰기와 맞춤법 : 초등학교 국어 교과서와 국립국어원의 『표준국어대사전』을 기준으로 하였습니다.

2. 외래어 지명과 인명 : 국립국어원의 『외래어 표기 용례집』을 기준으로 하였습니다.

3. 이해가 어려운 단어 : (　) 안에 뜻풀이를 하였습니다.

4. 작가 연보 : 연도와 함께 나이를 표기하고, 업적을 간략히 소개하였습니다. 우리나라 위인은 태어난 해를 한 살로 하였고, 외국 위인은 만 나이로 태어난 다음 해를 한 살로 하였습니다. 정확한 자료가 없는 위인은 연도와 업적만을 나타냈습니다.

5. 내용 구성 : 위인의 삶은 역사적 자료를 바탕으로 최대한 사실적으로 구성하였습니다. 그러나 읽는 재미를 위해 대화 글이나 배경 묘사, 인물의 감정 표현 등에 작가의 상상력을 더했습니다.

6. 그림 구성 : 문헌을 바탕으로 위인이 살던 시대를 충실히 나타내도록 하되 복식의 색상이나 장식, 소품, 건물 등은 작가의 상상으로 그렸습니다.

7. 내용 감수 : 각 분야의 전문가들로 구성된 편집 위원들이 꼼꼼히 감수를 하였습니다.

편집 위원

김용만(우리역사문화연구소장)
교과서에서 만나는 위인들을 중심으로 일화와 함께 그림과 사진을 곁들여 지루하지 않게 읽을 수 있습니다. 술술 읽다 보면 학교 공부에도 많은 도움이 될 것입니다.

신현득(동시인, 전 새싹회 회장)
우리가 자주 듣고 접하는 역사 속 실존 인물들이 자신의 꿈을 이루기 위해 어떻게 노력했는지 깨달아 가면서 우리 어린이들은 한층 더 성숙해질 것입니다.

윤재운(동북아역사재단 연구 위원)
위인전을 읽으면서 어린이들은 시대를 넘어 간접 체험을 할 수 있습니다. 어떻게 살아야 하는지 인생에 대한 동기 부여와 함께 삶이 보다 풍요로워질 것입니다.

이은경(철학 박사, 전북과학대 유아교육학과 교수)
한 사람의 인격과 품성은 어릴 때 형성됩니다. 따라서 초등학교 저학년 때 어떤 책을 읽느냐에 따라 생각의 크기가 달라집니다. 어린이의 미래를 위해 이 책은 꼭 읽어야 합니다.

이창열(하버드 대학교 물리학 박사, 전 국가과학기술자문회의 전문 위원)
세상을 바꾼 위대한 인물의 이야기는 어린이의 인성 및 감성 발달에 큰 영향을 미칠 뿐 아니라 실험 정신과 개척 정신을 길러 줍니다. 용기와 지혜로 세상을 헤쳐 나가는 당당한 어린이를 꿈꾼다면 이 책은 꼭 한번 읽어 보아야 합니다.

정재도(한글학자)
위인으로 일컬어지는 이들은 어떤 생각을 하고, 어떤 삶을 살았을까요? 그들의 흔적을 담은 위인전은 복잡한 현대를 이끌어 갈 우리 어린이들에게 나침반과 같은 역할을 할 것입니다.

조수철(서울대학교 의과대학 소아정신과 교수)
위인전은 시대와 신분, 업적이 다른 위인들의 삶이 다양하고 흥미롭게 구성되어 있어 손쉽게 여러 삶의 모습을 만날 수 있습니다. 용기 있게 고난을 헤쳐 나간 위인의 이야기를 통해 삶의 지혜를 배울 수 있을 것입니다.

동의보감을 지은
조선 최고의 명의
허 준

신현득 글 / 신근식 그림

효리원
hyoreewon.com

허준은 벼슬길에도 나아가지 못하고 차별을 받는 서출로 태어났지만 자신의 불행한 처지를 탓하지 않았습니다.

오로지 훌륭한 의원이 되겠다는 목표에만 온 힘을 기울였습니다.

그 결과 『동의보감』의 저자로서 동양에서 가장 뛰어난 의학자 가운데 한 사람이 되었습니다.

과학이 발달한 오늘날에도 한방 의학에서는 『동의보감』의 치료법을 수정 없이 그대로 따르고 있습니다. 이것만 보아도 그의 의학이 얼마나 뛰어난 것이었는지 짐작할 수 있습니다.

꾸준한 노력이 큰 성공을 이루게 하고, 그것이 또 나라를 빛내는 일이 되며, 인류에 봉사하는 일이 됩니다. 어린이들은 허준의 일생을 다룬 이 책을 읽고 이러한 사실을 깨닫게 될 것입니다.

이 책에서 살펴야 할 것이 또 한 가지 있습니다.

노력하는 이에게는 반드시 도움을 주는 사람이 나타난다는 사실입니다. 허준에게도 꿈을 이룰 수 있는 길을 열어 준 사람이 있었습니다. 허준이 의술에 능력이 있음을 알고 유희춘이 내의원에 추천을 한 것입니다. 그리고 내의원에서 양예수라는 스승을 만나 의학의 뜻을 크게 펼칠 수 있게 됩니다.

그런데 이러한 행운은 그냥 얻어지는 것이 아닙니다. 먼저 뚜렷한 목표를 세워야 하고, 반드시 이에 따른 노력이 뒤따라야 합니다. 어린이들이 이러한 점을 깨달을 수 있도록 해 주세요.

그리고 자신의 목표가 무엇이고 어떻게 이루어 나가야 할지 생각해 볼 수 있도록 선생님과 학부모님께서 잘 지도해 주시기 바랍니다.

허준은 불행한 자신의 형편을 불평하지 않고 훌륭한 의원이 되겠다는 목표를 세웠습니다. 오직 그 한 가지를 이루기 위해 옆을 돌아보지 않고 노력했습니다. 그는 약을 연구하고 의술을 배워 많은 생명을 구하고, 마침내 임금을 치료하는 의원이 되어 임금의 사랑을 받았습니다.

흩어져 있던 많은 의학책을 간추려 『동의보감』 25권을 엮은 것은 세계 의학사에 빛나는 허준의 자취입니다.

그것이 나라 사랑이 되고, 인류를 위하는 일이 되었습니다.

세상 사람들은 허준을 '의학의 성자'로 부릅니다. 하나의 길을 향해 꾸준히 노력한 결과입니다.

허준의 일생에 대해서는 여러 가지 다른 주장들이 있는데, 이 책은 김호 박사의 학위 논문 『허준의 동의보감 연구』(일지사, 2000)와 허준 박물관의 자료를 참고하였습니다.

글쓴이 신현득

차 례

서자의 설움

옛날 어느 마을에 허준이라는 아이가 있었습니다.

허준은 자라서 나라를 위해 큰일을 할 생각이었습니다. 그러나 서자라는 신분이 그를 괴롭혔습니다.

"서자가 까불어."

"서자는 뒷줄에 앉는 거야."

집안 사람이나 친척들이 이런 말로 허준을 괴롭혔습니다. 무슨 영문인지 알 수가 없었습니다. 허준은 그때마다 눈물을 흘렸습니다.

허준의 아버지 허윤은 지방의 고을을 다스리는 수령이어서 허 사또라 불렸습니다. 허준은 허 사또의 서자로 태어나 아버지와 함께 살지 못하고 담양이라는 시골의 외가 마을에서 어머니와 함께 살았습니다.

허준의 어머니 김씨는 뜻이 곧은 분이었습니다.

어머니는 허준에게 이렇게 타일렀습니다.

"준아, 서자는 세상을 살아가면서 온갖 차별을 받는다. 가족과 친척 사이에서도 천대를 받고, 높은 벼슬을 할 수도 없다. 그러나 그 굴레에서 벗어나는 방법이 있단다. 그것은 바로 나라에 쓰일 훌륭한 의원이 되는 것이다."

허준은 눈물을 흘리며 어머니의 말씀을 들었습니다.

"예, 어머니의 뜻을 따르지요. 이름난 의원이 되어 어머니를 편히 모시겠습니다."

허준은 어머니 앞에서 약속했습니다.

그는 의학책을 구해 읽기 시작했습니다. 이름난 의원을 찾아가 심부름을 하며 의학을 공부했습니다. 그리하여 그는 마침내 시골에서 이름난 의원이 되었습니다.

스물아홉 살이 되자 허준은 서울에 가서 자신의 의술을 널리 펴야겠다고 결심했습니다.

허준은 어머니가 시키는 대로 서울의 유희춘을 찾아갔습니다. 유희춘은 오늘날의 국립 대학 총장이라고 할 수 있는 성균관 대사성으로 있었습니다.

"허 사또의 아들 허준이라고? 자네의 의술이 훌륭하다는 소문은 들었네."

대사성 유희춘은 허준을 반겼습니다.

"자네 집안에 대해서는 잘 알고 있네. 나를 가르쳐 주신 김안국 대감의 외갓집이 아닌가. 그래, 서울에는 무슨 일로 왔는가?"

"훌륭한 의원이 되고 싶습니다."

"좋은 생각일세. 그럼 우선 서울에서 이름을 내야 한다네. 내 안사람의 병부터 고쳐 주게나."

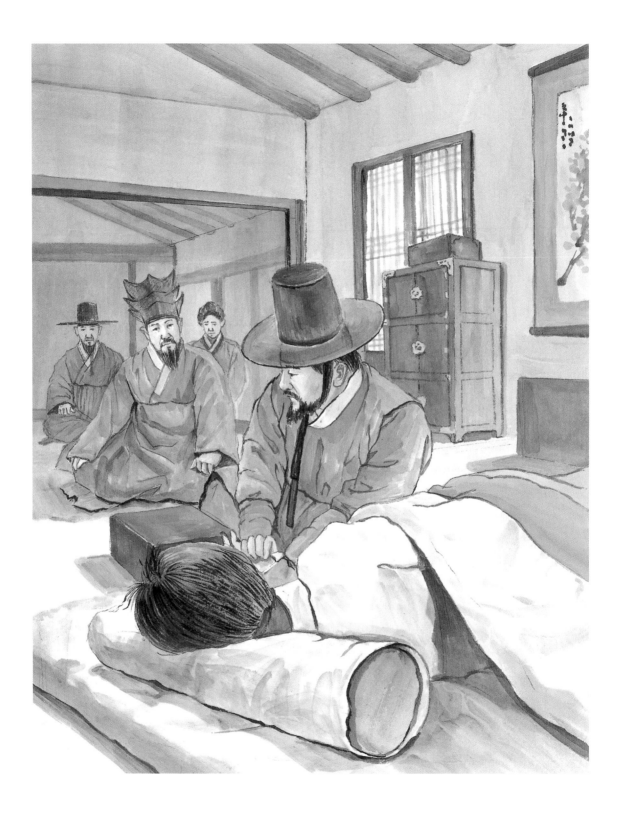

유희춘은 아내가 앓고 있는 병에 대해 이야기해 주었습니다. 그의 부인 송씨는 '덕봉'이라는 호를 가진 여류 시인이었습니다. 송씨 부인은 속과 팔다리가 아파 오랫동안 고생하고 있었습니다.

허준은 곧 송씨 부인을 치료하기 시작했습니다.

여섯 달이라는 시간이 지나 드디어 치료가 끝났습니다. 여느 의원도 고치기 힘든 병을 시골에서 올라온 이름 없는 그가 고친 것이었습니다.

유희춘은 장안의 양반들과 벼슬아치들에게 허준을 소개하여 그들 가족의 병을 치료하게 했습니다.

"용한 의원이군. 다른 의원들과는 치료법이 다른걸?"

모두들 허준의 의술을 칭찬했습니다.

허준은 이제 서울에서도 이름난 의원이 되었습니다.

'이만한 의술이면 나라에 크게 쓰일 수 있겠군.'

대사성 유희춘은 허준을 내의원에 소개했습니다.

내의원은 대궐에서 임금과 그 가족을 치료하는 관청의 이름입니다.

유희춘의 소개로 허준은 내의원 의원이 되었습니다.

내의원의 으뜸 벼슬을 '태의'라고 합니다. 태의 양예수는 조선에서 제일가는 의술을 가진 사람이었습니다.

그는 허준을 반갑게 맞아 주었습니다.

“열심히 일하면서 선생님의 가르침에 따르겠습니다.”

허준은 양예수에게 절을 하며 말했습니다.

“나도 스승으로부터 의술을 배웠다네. 내가 가진 의술을 모두 자네가 배워 가게.”

태의 양예수의 말은 허준을 감동시켰습니다. 그는 맡은 일에 힘쓰면서 부지런히 의학 공부를 했습니다.

허준은 담양의 어머니를 모셔 왔습니다. 아버지 허윤은 이미 세상을 떠난 뒤였습니다. 서자라 천대받던 아들이 내의원에서 일하게 되었으니 소원을 이루었다며 어머니는 몹시 기뻐했습니다.

허준은 내의원에서 하는 일이 즐거웠습니다. 태의 양예수로부터 의술을 배우는 일은 더욱 재미있었습니다.

선조 임금은 의학에 관심이 많았습니다.

선조는 태의 양예수에게 분부를 내렸습니다.

“우리 백성들이 중국 약재를 많이 쓰는데, 이는 나랏돈을 낭비하는 일이오. 우리나라는 산천이 아름답고 깊어 좋은 약재

가 얼마든지 있을 것이오. 특히 인삼은 우리나라 특산물이니,
태의는 우리나라 약재로 약을 만들 수 있는 길을 여시오!"
　임금의 분부를 받은 양예수는 우리나라 약재로 병을 치
료하는 방법을 모아 세 권의 책으로 만들었

습니다. 이것이 바로 『향약집성방』이라는 책이었습니다.

　허준은 양예수의 책 만드는 일을 거들면서 더 많은 의술을
배울 수 있었습니다.

선조 임금은 태의가 만든 책을 인쇄하여 나라 안에 널리 퍼뜨렸습니다.

양예수는 이 밖에도 여러 가지 책을 만들었는데, 그때마다 허준의 도움을 받았습니다.

허준은 의술이 아주 뛰어났기 때문에 빠르게 승진했습니다. 내의원 의원이 된 지 6년 되던 해에 허준은 태의 양예수와 함께 선조 임금의 건강을 돌보고 치료하는 일을 맡게 되었습니다. 임금을 치료하는 의원을 시의, 또는 '어의'라 불렀습니다.

이로부터 허준은 어의 구암 허준 선생이라 불렸습니다. 구암은 허준의 호입니다.

"내가 임금님의 건강을 돌보게 되다니……."

허준은 기쁨을 감추지 못했습니다.

왕자의 두창 치료

그러던 어느 날, 대궐에 큰 근심이 생겼습니다. 열다섯 살의 왕자 광해군이 두창에 걸린 것이었습니다. 두창은 '마마'라고도 불리던 천연두를 가리키는 말이었습니다. 다행히 낫는다 해도 얼굴에 자국이 남는 몹쓸 병이었습니다.

"반드시 왕자를 구해야 한다!"

내의원의 의원들 모두가 긴장했습니다. 태의 양예수가 여러 가지로 처방을 해 보았지만 왕자의 병은 전혀 나아지지 않았습니다. 온 대궐 안이 근심에 싸였습니다.

이때 허준이 왕자의 치료를 맡겠다며 나섰습니다. 허준은 시골에 있을 때 두창이 유행하여 치료해 본 경험이 있었습니다. 그는 그 처방으로 왕자를 치료하기 시작했습니다.

얼마 뒤 마침내 왕자가 정신을 차렸습니다. 그리고 두 달 만에 왕자 광해군의 병은 모두 나았습니다.

허준이 정성을 다해 치료한 결과였습니다.

"신기하군! 허준은 정말 놀라운 의술을 가지고 있어."

"왕자님께 마마 자국이라도 생겼더라면 어찌 되었겠어!"

대궐 사람들은 모두 허준을 칭찬했습니다.

왕자가 건강해지자 선조 임금은 허준에게 더 높은 벼슬을 내려야겠다고 생각했습니다.

"허준이 죽어 가는 왕자를 구했소. 그의 벼슬을 높여 주어야 겠소."

선조 임금이 내린 관직은 정삼품의 통정대부였습니다. 그러자 여러 신하들이 반대하고 나섰습니다.

"상감마마, 당치 않은 분부시옵니다. 서출에게 그처럼 높은

언해두창집요 | 왕명에 의해 번역하고 편찬한 의서로, 천연두를 치료하는 약의 이름과 분량을 한글로 풀이해서 적어 놓았습니다.

벼슬을 주시다니요. 아니 되옵니다."

"그동안 내가 여러 번 허준에게 치료를 받아 보아 그의 의술이 뛰어남을 알고 있소. 이번에 왕자를 구한 공로는 그에게 그만한 지위를 주기에 넉넉하다 생각되오."

선조 임금은 신하들의 의견을 받아들이지 않았습니다.

이후로 사람들은 허준을 통정대부 구암 허준 선생이라 부르며 그를 존경하게 되었습니다.

임금을 모시고
피란길에

어느 날 선조 임금이 허준을 불러 말했습니다.

"지금의 의학책들은 모두 복잡하니 이것들을 모아서 정리하는 것이 좋을 듯하오. 구암이 이 일을 맡아 보시오. 여러 권의 책이 될 것이오. 동쪽 나라 조선에서 펴내는 의학책이니 그 이름을 '동의보감'이라 하면 어떻겠소? 지금 당장 준비하도록 하시오."

선조 임금은 허준에게 이렇게 명했습니다.

"이처럼 큰일을 맡겨 주시다니, 성은이 망극하옵니다."

허준은 눈물을 흘리면서 선조 앞을 물러났습니다.

'내 손으로 나라의 큰일을 하게 되었다.'

허준의 마음은 희망에 부풀었습니다.

그런데 전쟁이 일어났습니다. 1592년(선조 25년) 4월에 왜군

20만이 쳐들어온 것입니다. 임진왜란이었습니다.

선조 임금은 대궐과 서울을 버리고 평양으로 피란을 나서게 되었습니다. 내의원의 가장 윗자리에 있던 태의 양예수는 이제 나이가 많아 임금을 모실 수가 없었습니다. 이때부터 양예수가 하던 일을 허준이 맡게 되었습니다.

허준은 내의원 중 아랫사람을 데리고 임금의 피란길을 따라갔습니다. 충성심이 깊은 어의 허준은 선조 임금이 난리 통에 건강을 잃을까 봐 걱정이 되었습니다.

피란길에 오른 선조 임금과 신하들은 날이 저물자 백성이 사는 허름한 집에 들렀습니다. 그들은 이곳에서 왜적을 물리칠 의논을 하며 밤을 새웠습니다. 허준은 한시도 선조 임금 곁을 떠나지 않고 건강을 돌보았습니다.

선조 임금이 평양에 머문 지 두 달이 될 무렵 왜군은 평양까지 쳐들어왔습니다. 선조 임금은 또다시 의주로 피란을 떠났습니다. 허준은 눈물을 흘리며 임금을 따랐습니다.

이처럼 나라가 위태로운 지경에 이르자 여러 곳에서 의병이

일어나고, 스님들까지 군사를 일으켰습니다.

이순신 장군이 거느린 수군은 거북선을 앞세워 남해 바다를 든든히 지켜 주었습니다.

명나라에서도 지원군이 왔습니다. 다음 해 1월에 왜군의 손에 넘어갔던 평양성을 되찾았습니다. 왜군은 쫓기기만 했습니다.

그러던 중 선조 임금이 백성의 초라한 집에서 앓아눕게 되었습니다. 밤낮으로 왜군을 물리칠 궁리만 하다가 지쳐 버린 것이었습니다.

허준은 직접 약을 달여 임금에게 올렸습니다. 피란지에서 병들어 누운 임금이 빨리 일어날 수 있도록 정성을 다했습니다. 다행히 임금은 곧 건강을 되찾았고, 일행은 피란지인 의주에서 겨울을 보내게 되었습니다.

동의보감
편수국

허준은 선조 임금의 건강을 돌보는 틈틈이 『동의보감』을 만드는 일에 열중했습니다. 그러나 전쟁 중이어서 마음놓고 글을 쓸 만한 시간이 나지 않았습니다.

권율 장군이 행주산성에서 왜군을 크게 무찌르고 서울을 되찾았습니다. 그러자 싸움에서 지게 된 왜군이 전쟁을 포기하고 사이좋게 지낼 수 있도록 회담을 하자고 제의했습니다. 명나라 군사가 이 제의를 받아들였습니다.

회담이 계속되는 가운데 다음 해 10월, 선조 임금은 피란지

의주에서 서울로 돌아왔습니다.

서울은 잿더미가 되어 있었습니다. 왜군은 경복궁, 창덕궁에 불을 지르고, 보물이 될 만한 것은 모조리 훔쳐 갔습니다. 할 수 없이 선조 임금은 왕족인 월산 대군의 집을 임시 대궐로 삼아 나랏일을 보았습니다.

가장 먼저 해야 할 일은 백성의 고통과 어려움을 덜어 주는 일이었습니다. 그중 하나가 『동의보감』을 펴내는 일이었습니다.

선조 임금은 허준에게 분부했습니다.

"그동안 전쟁 때문에 『동의보감』에 대해 생각할 겨를이 없었소. 이제 더 미룰 수 없으니 일을 서두르시오."

임금은 『동의보감』에 대한 생각을 말했습니다.

"병을 고치는 일도 중요하지만, 그보다 병에 걸리지 않도록 예방을

앞세워야 할 것이며, 우리나라에서 나는 약재를 써서
병을 고치도록 해야 할 것이오. 의원들이 치료해 본 경
험을 곁들여 기록하도록 하시오."

『동의보감』을 펴내는 일은 1~2년에 끝낼 수 있는 일

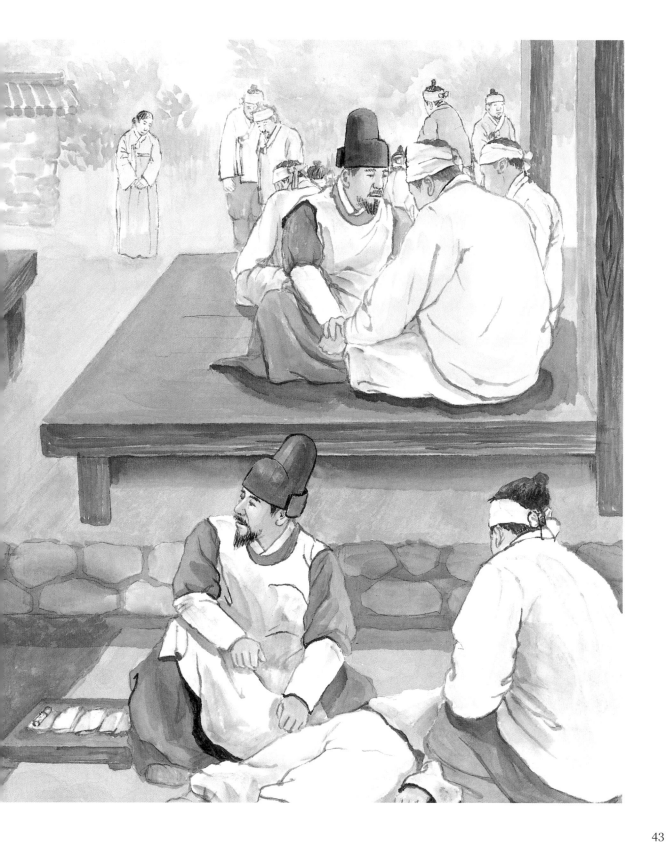

이 아니었습니다. 허준은 곧 동의보감 편수국을 차렸습니다.

내의원의 일을 허준에게 맡겨 두었던 양예수도 피란에서 돌아와 『동의보감』 만드는 일에 참여했습니다. 이름난 의원들을 모아 여러 가지 자료를 모으고 체계적으로 정리했습니다. 내의원의 모든 의원들이 허준을 도왔습니다. 허준은 계획을 세우고 자료를 모으느라 바빴습니다.

그러나 얼마 지나지 않아 또다시 불운을 겪게 되었습니다. 전쟁을 멈추고 사이좋게 지내자던 왜군이 14만의 군사로 다시 쳐들어온 것이었습니다. 정유재란이었습니다.

나라 안이 또 한 번 전쟁에 휩싸이자 편수국 사람들은 뿔뿔이 흩어졌습니다. 허준은 혼자서 『동의보감』 펴내는 일을 맡아 했습니다.

호성공신
양평군

회담이 진행되는 5년 동안 조선군은 왜군이 다시 쳐들어올 것에 대비해 전쟁 준비를 해 두었습니다. 따라서 다시 쳐들어온 왜군은 번번이 조선군에게 패하기만 했습니다.

그러자 왜군의 우두머리 도요토미 히데요시가 병들어 죽으면서 군사를 거두라는 유언을 했습니다. 일본군은 바다를 건너 달아났습니다.

이순신은 명량 대첩과 노량 해전에서 쫓겨 가는 왜군을 크게 무찌르고 숨을 거두었습니다. 이리하여 7년이나 끌던 임진

왜란이 모두 끝났습니다.

　백성을 사랑하는 마음이 지극한 선조 임금은 허준을 불러
급한 일 한 가지를 더 부탁했습니다.

"우선 전쟁 때문에 피해를 본 백성부터 구해야겠소. 이들이 병들었을 때 속히 치료할 수 있는 책을 쓰시오."

선조 임금이 허준에게 부탁한 의학책은 급한 환자를 치료하는 방법, 안전하게 아기를 낳는 방법 등 백성들에게 꼭 필요한 책이었습니다.

허준은 한문책을 세 권 만들고, 이것을 다시 한글로 번역했습니다.

선조 임금은 이 책을 인쇄하여 백성들에게 나누어 주었습니다. 한문책을 한글로 번역한 것은 한문을 모르는 백성들이 쉽게 읽고 병을 치료할 수 있게 하려는 선조 임금의 따뜻한 배려였습니다.

허준을 돌보아 주던 유희춘은 임진왜란이 나기 전에 세상을 떠났습니다. 허준의 어머니도 세상을 떠났습니다.

내의원 태의로 있던 양예수가 세상을 떠난 것은 임진왜란이 끝나고 2년 뒤의 일이었습니다. 허준은 상관이면서 스승이었던 양예수의 죽음을 무척 슬퍼했습니다.

51

이제 허준은 양예수의 뒤를 이어 내의원에서 가장 윗자리인 태의가 되었습니다. 그는 내의원을 이끌면서 『동의보감』을 엮는 데 온 힘을 기울였습니다.

1604년, 선조 임금은 허준을 호성공신에 올렸습니다. 임진왜란 때 피란을 다닌 임금을 모신 86명의 신하에게 내린 공신의 칭호였습니다.

그리고 이어서 선조 임금은 허준을 양평군에 봉했습니다.

"상감마마, 성은이 망극하옵니다!"

허준은 임금의 은혜에 감사하면서 더욱 충성할 것을
맹세했습니다.

그런데 이번에도 몇 명의 신하들이 선조 임금의 결정
에 반대하고 나섰습니다.

"상감마마, 서출에게 그처럼 높은 지위를 주어서는 아

니 되옵니다."

　그러나 선조 임금은 신하들의 의견을 물리쳤습니다. 백성들은 호성공신 양평군으로 불리게 된 허준을 더욱 존경하였습니다.

　이제 허준에게 남은 일은『동의보감』을 완성하는 것이었습니다.

　선조 임금은 하루빨리 동의보감이 완성되어 그 책으로 많은 백성들이 병을 이기는 것을 보고 싶었습니다.

　선조 임금은 자주 허준을 불러『동의보감』이 만들어져 가는 과정을 물었습니다. 그리고 대궐에서 구할 수 있는 자료를 모두 모아 허준에게 주었습니다.

귀양살이

    그러던 어느 날 선조 임금이 병으로 자리에 눕게 되었습니다. 선조는 원래 몸이 허약했습니다. 그런 몸으로 7년이나 전쟁에 시달리느라 건강을 해친 것이었습니다.

    허준은 처방을 내리고 약을 달여 올렸습니다.

    "『동의보감』은 잘되어 가고 있소?"

    치료를 받으면서도 선조 임금은 『동의보감』 완성을 걱정했습니다.

    "아직 몇 해 더 걸릴 듯하옵니다."

“그럴 테지. 나라의 큰 사업이니 차근차근 진행하시오. 그리고 내가 말한 목적을 잊지 마시오.”

임금은 이렇게 말하면서도 『동의보감』이 빨리 완성되기를 기다리는 듯했습니다.

선조 임금의 병은 조금 차도가 있는 듯하더니 이내 심해졌습니다. 허준은 정성을 다하여 치료했지만 나아질 기미는 보이지 않았습니다.

어느 날 임금은 허준을 불러 유언을 했습니다.

“이제 나는 생명이 다한 것 같소. 『동의보감』을 잘 만드시오. 여러 백성을 구하는 책이 될 테니…….”

“상감마마, 무슨 말씀이시옵니까? 병은 곧 나을 것이옵니다.”

허준은 임금을 위로하며 눈물을 흘렸습니다.

하지만 얼마 후 선조 임금은 56세의 나이로 영원히 눈을 감고 말았습니다.

"상감마마, 그렇게도 기다리시던『동의보감』이 완성되는 것을 보지 못하고 가시는 것이옵니까……."

허준은 선조 임금의 영위(죽은 사람의 사진이나 종이에 쓴 신주) 앞에서 목놓아 울었습니다. 허준을 도와 백성들을 건강하게 하려고 애쓰던 임금이었습니다. 허준은 선조 임금의 은혜를 생각하며 울고 또 울었습니다.

백성들의 슬픔 속에 임금의 장례가 치러졌습니다. 그러자 전부터 허준을 못마땅하게 여기던 신하들이 허준을 귀양 보내야 한다고 주장하고 나섰습니다. 내의원 태의로서 임금을 살리지 못한 책임을 져야 한다는 것이었습니다.

"상감마마를 살리지 못한 어의가 어찌 귀양살이를 마다하겠는가? 목숨이라도 내놓아야 할 것이다. 그러나 선왕의 명령으로 시작한『동의보감』편찬을 중지할 수는 없다."

일흔의 나이에 허준은 내의원 벼슬자리를 내놓고 의주로 귀양을 떠나게 되었습니다.

　귀양을 떠나면서도 허준은『동의보감』편찬에 필요한 자료를 모두 챙겨서 말에 실었습니다.

　허준은 귀양살이를 하면서도『동의보감』을 편찬하는 일을 멈추지 않았습니다. 칠순 노인의 어두운 눈에는 작은 글씨가 잘 보이지 않았습니다. 그것을 보고만 있을 수 없어 나라에서도 사람을 보내 그를 도와주도록 하였습니다.

　허준은 귀양살이를 하며 외롭게 겨울을 보내야 했습니다. 그러나 해야 할 일이 많아 추위도 잊고 지냈습니다.

　그는 선조 임금의 무덤이 있는 양주의 목릉을 향해 날마다 일이 되어 가는 상황에 대해 보고를 올렸습니다.

　"선왕마마, 신은 맡겨 주신 일을 열심히 하고 있사옵니다."

　선조 임금을 생각할 때면 그는 언제나 눈물이 났습니다.

『동의보감』을
완성하다

　허준은 귀양을 간 의주에서 『동의보감』을 만들며 2년 가까운 시간을 보냈습니다. 세자로 있다가 부왕의 뒤를 이어 왕의 자리에 오른 광해군은 허준을 내의원으로 다시 불러들이기로 했습니다.

　"호성공신 양평군은 어렸을 때 나의 생명을 구했고, 선왕 때 못 다한 『동의보감』을 완성해야 될 사람이오. 지금 내의원에는 경험 많은 의원이 부족한 형편이니 양평군을 다시 불러야겠소."

동의보감 | 허준이 우리나라와 중국의 자료를 엮어 만든 것으로, 동양에서 가장 우수한 의학서 중 하나입니다.

광해군은 신하들의 반대를 물리치고 허준을 불러 내의원 태의로 임명했습니다.

그는 임금에게 감사하면서 『동의보감』의 원고를 써 나갔습니다. 건강을 관리하는 방법, 몸속의 생김새, 몸 바깥의 생김새, 여러 가지 병에 대한 처방, 침과 뜸으로 치료하는 방법 등을 담았습니다.

허준의 『동의보감』에는 의학 책 500권 외에 그의 스승인 양예수의 의학도 담겨 있었습니다.

약을 써서 병을 고치는 것도 중요하지만, 병이 나지 않도록 건강을 관리하는 일은 그보다 더 중요합니다.

유교, 불교, 도교에서 주장하는 건강법이 이것이었습니다. 세상을 떠난 선조 임금의 생각도 그러했습니다.

허준은 선조 임금의 생각을 받들어 병의 예방법을 바탕으로

하여 조선의 산천에서 나는 약재를 써서 병을 다스리는 방법을 기록했습니다. 의원들의 치료 경험도 곁들였습니다. 무엇보다 중요한 것은 우리나라에서 나는 약재 637가지를 한글로 기록한 것이었습니다.

어려움 끝에 『동의보감』 원고가 완성된 것은 1610년(광해군 2년) 8월이었습니다. 구암 허준의 나이 어느새 일흔두 살이었습니다.

완성된 『동의보감』은 25권이나 되는 광범위한 의학책이었습니다. 임진왜란 중에 선조 임금의 명령으로 편수국을 차린 지 14년 만의 일이며, 그 계획을 처음 세운 것은 그보다 더 오래된 일이었습니다.

이로써 조선의 의학이 한데 모아진 것입니다.

"선조 대왕께서 계시다면 얼마나 좋을꼬……."

허준은 붓을 놓으며 또 한 번 눈물을 흘렸습니다.

동양의
의학 교과서

　허준은 『동의보감』 원고를 가지고 광해군 앞으로 갔습니다.

　"양평군께서 참으로 큰일을 하셨소. 이 책은 자손만대에 보물로 남을 것이오."

　광해군은 나라의 큰일을 이루어 낸 허준을 위해 신하들을 모아 잔치를 베풀었습니다. 그리고 좋은 말 한 필을 상으로 내렸습니다. 곧 내의원 안에 『동의보감』을 펴낼 관청을 두고, 이 훌륭한 의학책을 인쇄하기 시작했습니다. 3년이 지나자 나라 안의 의원들과 관청에 『동의보감』이 고루 나누어졌습니

허준 동상 | 조선 최고의 명의 허준의 동상입니다. 동양에서 가장 우수한 의학서로 손꼽히는 25권의 『동의보감』을 편찬하였습니다.

다. 『동의보감』은 많은 백성들의 생명을 구하는 책이 되었습니다.

동양의 의학책으로 이보다 더 좋은 책이 없다며 일본과 중국의 의원들도 『동의보감』으로 의학을 공부했습니다.

허준은 『동의보감』을 완성한 뒤에도 백성들을 위해 여러 의학책을 만들었습니다.

그러다 1615년(광해군 7년)에 호성공신 양평군 태의 허준은 영원히 잠들었습니다. 허준의 나이 일흔일곱이었습니다.

"많은 백성들을 살린 의학의 성자가 떠나셨다!"

백성들은 모두 그의 죽음을 슬퍼하며 허준을 '의학의 성자'라고 불렀습니다. ❀

연 대	발 자 취
1539년(1세)	경기도 양천(현재의 서울 강서구 등촌 2동 능안 마을)에서 아버지 허윤과 어머니 영광 김씨 사이에서 태어나다. 이후 전라도 담양의 외가에서 자라다.
1569년(31세)	유희춘의 추천으로 내의원 의원이 되다.
1575년(37세)	임금을 치료하는 어의가 되다.
1590년(52세)	왕자 광해군의 두창을 치료하다. 그 공로로 정3품 통정대부에 오르다.
1592년(54세)	임진왜란이 일어나다. 선조 임금을 모시고 평양을 거쳐 의주로 피란하다. 양예수를 대신하여 내의원을 이끌다.
1593년(55세)	임금을 모시고 피란에서 돌아오다.
1596년(58세)	동의보감 편수국을 설치하다.
1597년(59세)	정유재란으로 편수국 사람들이 흩어지다.
1598년(60세)	임진왜란이 끝나다.
1600년(62세)	양예수가 세상을 떠나고, 그의 뒤를 이어 내의원의 책임자인 태의가 되다.
1601년(63세)	선조 임금의 분부에 따라 『언해구급방』, 『언해태산집요』, 『언해두창집요』 등 한글 의학책을 완성하다.
1604년(66세)	호성공신이 되다. 양평군에 봉해지다.
1608년(70세)	선조 임금이 세상을 떠나다. 세자 광해군이 왕의 자리에 오르다. 의주로 귀양을 떠나다.
1609년(71세)	귀양에서 풀려나 복직되다.
1610년(72세)	『동의보감』 25권의 편찬을 끝내다. 광해군이 상으로 말 한 필을 내리다.
1615년(77세)	세상을 떠나다. 정1품 보국숭록대부로 품계가 높아지다.

1. 허준의 어머니는 아들에게, 서자의 굴레에서 벗어날 수 있는 방법을 가르쳐 줍니다. 다음 ( ) 안에 들어갈 그 '방법'은 무엇인가요?

"준아, 서자는 세상을 살아가면서 온갖 차별을 받는다. 가족과 친척 사이에서도 천대를 받고, 높은 벼슬을 할 수도 없다. 그러나 그 굴레에서 벗어나는 방법이 있단다. 그것은 바로 나라에 쓰일 훌륭한 (   )이 되는 것이다."

2. 선조의 명으로 허준은 동양 최고의 의학 서적을 만듭니다. 다음 ( ) 안에 들어갈 이 책의 이름은 무엇인가요?

어느 날 선조 임금이 허준을 불러 말했습니다.

"의학책들은 모두 복잡하니 이것들을 모아서 정리하는 것이 좋을 듯하오. 구암이 이 일을 맡아 보시오. 여러 권의 책이 될 것이오. 동쪽 나라 조선에서 펴내는 의학책이니 그 이름을 '(   )'이라 하면 어떻겠소? 지금 당장 준비하도록 하시오."

3. 허준은 유희춘의 소개로 대궐에서 임금님과 그 가족을 치료하는 관청에 들어가게 됩니다. 이 관청을 무엇이라고 불렀나요?

4. 선조 임금은 태의 양예수에게 다음과 같이 말합니다. 이를 통해 느낀
   점은 무엇인지 써 보세요.

> "우리 백성들이 중국 약재를 많이 쓰는데, 이는 나랏돈
> 을 낭비하는 일이오. 우리나라는 산천이 아름답고 깊어 좋
> 은 약재가 얼마든지 있을 것이오. 특히 인삼은 우리나라 특
> 산물이니, 태의는 우리나라 약재로 약을 만들 수 있는 길을
> 여시오."

5. 선조 임금이 허준에게 높은 벼슬을 내리자 신하들은 천한 서자에게 높
   은 벼슬을 주어서는 안 된다고 반대합니다. 여러분이 선조 임금이라면
   신하들을 어떻게 설득할지 생각해 보세요.

6. 정유재란이 일어나자 『동의보감』을 만들던 사람들은 뿔뿔이 흩어졌습니다. 그렇지만 허준은 혼자 힘으로 『동의보감』을 준비했지요. 만약 여러분이었다면 어떻게 했을지 허준의 행동과 비교해서 생각해 보세요.

그러나 얼마 지나지 않아 또다시 불운을 겪게 되었습니다.
전쟁을 멈추고 사이좋게 지내자던 왜군이 14만의 군사로 다시 쳐들어온 것이었습니다. 정유재란이었습니다.
나라 안이 또 한 번 전쟁에 휩싸이자 편수국 사람들은 뿔뿔이 흩어졌습니다. 허준은 혼자서 『동의보감』 펴내는 일을 맡아 했습니다.

7. 허준은 귀양을 가서도 『동의보감』을 썼습니다. 눈이 어두워져 글자가 잘 보이지 않았지만 그는 포기하지 않았지요. 이런 그의 행동을 보고 떠오른 단어가 무엇이었는지 쓰고, 그 단어가 떠오른 까닭을 써 보세요.

1. 의원.

2. 동의보감.

3. 내의원.

4. 예시 : 우리나라를 사랑하는 길은 우리나라에서 나는 것을 아끼고 소중히 하는 것에서부터 시작된다는 생각이 들었다. 외국 물건이 좋고 싸다고 무조건 외국에서 사다 쓰면 우리나라 사람들은 하나둘 할 일을 잃고 만다. 물건을 살 사람이 없으면 공장이 문을 닫을 것이고, 그러면 공장에서 일하던 사람들도 일자리를 잃을 것이다. 다른 것도 마찬가지이다. 만약 외국 쌀이나 과일이 싸다고 모두 수입해서 먹는다면 농사짓는 사람들이 없어질 것이다. 그러다 외국에서 쌀이나 과일 값을 갑자기 올리면 비싼 돈을 주고 살 수밖에 없다. 그런 일을 막으려면 우리나라 것을 즐겨 쓰고 먹어야 할 것이다.

5. 예시 : 신하들로 하여금 허준이 얼마나 뛰어난 의술을 지녔는지 직접 보게 해서 반대하지 못하게 할 것이다. 그리고 허준보다 의술이 더 뛰어난 사람을 찾아와 보라고 말하겠다. 또 나라에 큰 공을 세운 사람 가운데 신분이 낮은 사람들의 예를 들 것이다. 그런 사람이 없었다면 이 세상은 발전하지 못했을 것이라는 말로 신하들을 설득하겠다.

6. 예시 : 나도 다른 사람과 마찬가지로 살길을 찾아 떠날 것 같다. 나라의 일도 중요하지만 내 자신이 더 중요하고, 보살펴야 할 가족도 있을 테니 말이다. 그런데 허준은 그렇게 하지 않았다. 자신을 돌보지 않고 일에만 정신을 쏟는 것은 아무나 할 수 없는 훌륭한 태도라고 생각한다.

7. 예시 : '끈기'라는 단어가 떠올랐다. 끈기의 뜻은 '쉽게 단념하지 않고 견디어 나가는 기운'이다. 귀양을 가서 몸과 마음이 힘들 텐데도 끝까지 『동의보감』을 완성하려는 태도가 끈기라는 말과 잘 어울린다고 생각한다. 글자도 잘 보이지 않는 등 여러 가지 어려움 속에서도 자신의 책임을 다하려는 마음가짐은 우리 모두 본받아야 한다. 나도 끈기 있는 사람이 되기 위해 노력할 것이다.

최무선
(1328~1395)

신사임당
(1504~1551)

한석봉
(1543~1605)

황희
(1363~1452)

이이
(1536~1584)

이순신
(1545~1598)

세종
대왕
(1397~1450)

허준
(1539~1615)

오성과
한음
(오성 1556~
1618 /
한음 1561~
1613)

장영실
(?~?)

유성룡
(1542~1607)

광개토
태왕
(374~412)

연개
소문
(?~666)

장보고
(?~846)

을지문덕
(?~?)

김유신
(595~673)

대조영
(?~719)

왕건
(877~943)

강감찬
(948~1031)

고구려
살수
대첩
(612)

견훤
후백제
건국
(900)

문익점
원에서
목화씨
가져옴
(1363)

허준
동의보감
완성
(1610)

신라
삼국
통일
(676)

궁예
후고구려
건국
(901)

고려
강화로
도읍
옮김
(1232)

최무선
화약
만듦
(1377)

병자
호란
(1636)

고조선
건국
(B.C. 2333)

철기
문화
보급
(B.C.
300년경)

고조선
멸망
(B.C. 108)

고구려
불교
전래
(372)

신라
불교
공인
(527)

대조영
발해
건국
(698)

장보고
청해진
설치
(828)

왕건
고려
건국
(918)

귀주
대첩
(1019)

윤관
여진
정벌
(1107)

개경
환도,
삼별초
대몽
항쟁
(1270)

조선
건국
(1392)

훈민
정음
창제
(1443)

임진
왜란
(1592~1598)

한산도
대첩
(1592)

상평
통보
전국
유통
(1678)

B.C.	선사 시대 및 연맹 왕국 시대	A.D. 삼국 시대	698 남북국 시대	918 고려 시대	1392

2000	500	400	300	100	0	300	500	600	800	900	1000	1100	1200	1300	1400	1500	1600

B.C.	고대 사회	A.D. 375	중세 사회	1400

중국
황하
문명
시작
(B.C.
2500년경)

인도
석가모니
탄생
(B.C. 563년경)

알렉
산더
대왕
동방
원정
(B.C. 334)

크리
스트교
공인
(313)

수나라
중국
통일
(589)

이슬람교
창시
(610)

러시아
건국
(862)

거란
건국
(918)

제1차
십자군
원정
(1096)

테무친
몽골
통일
칭기즈
칸이 됨
(1206)

원 멸망
명 건국
(1368)

잔
다르크
영국군
격파
(1429)

코페르니
쿠스
지동설
주장
(1543)

독일
30년
전쟁
(1618)

게르만
민족
대이동
시작
(375)

수 멸망
당나라
건국
(618)

송 태종
중국
통일
(979)

원 제국
성립
(1271)

구텐
베르크
금속
활자
발명
(1450)

도요토미
히데요시
일본
통일
(1590)

영국
청교도
혁명
(1642~1649)

로마
제국
동서로
분열
(395)

뉴턴
만유
인력의
법칙
발견
(1665)

석가모니
(B.C. 563?~
B.C. 483?)

예수
(B.C. 4?~
A.D. 30)

칭기즈 칸
(1162~1227)

주시경
(1876~1914)

김구
(1876~1949)

안창호
(1878~1938)

우장춘
(1898~1959)

유관순
(1902~1920)

안중근
(1879~1910)

방정환
(1899~1931)

윤봉길
(1908~1932)

이중섭
(1916~1956)

백남준
(1932~2006)

이태석
(1962~2010)

정약용
(1762~1836)

김정호
(?~?)

이승훈
천주교
전도
(1784)

최제우
동학
창시
(1860)

김정호
대동여
지도
제작
(1861)

강화도
조약
체결
(1876)

지석영
종두법
전래
(1879)

갑신
정변
(1884)

동학
농민
운동,
갑오
개혁
(1894)

대한
제국
성립
(1897)

을사
조약
(1905)

헤이그
특사
파견,
고종
퇴위
(1907)

한일
강제
합방
(1910)

3·1
운동
(1919)

어린이날
제정
(1922)

윤봉길·
이봉창
의거
(1932)

8·15
광복
(1945)

대한
민국
정부
수립
(1948)

6·25
전쟁
(1950~1953)

10·26
사태
(1979)

6·29
민주화
선언
(1987)

서울
올림픽
개최
(1988)

북한
김일성
사망
(1994)

의약
분업
실시
(2000)

조선 시대				1876　개화기		1897 대한 제국	1910　일제 강점기			1948	대한민국				
1700	1800	1850	1860	1870	1880	1890	1900	1910	1920	1930	1940	1950	1970	1980	1990	2000

근대 사회						1900			현대 사회						

미국
독립
선언
(1776)

프랑스
대혁명
(1789)

청·영국
아편
전쟁
(1840~1842)

미국
남북
전쟁
(1861~1865)

베를린
회의
(1878)

청·
프랑스
전쟁
(1884~1885)

청·일
전쟁
(1894~1895)

헤이그
평화
회의
(1899)

영·일
동맹
(1902)

러·일
전쟁
(1904~1905)

제1차
세계
대전
(1914~1918)

러시아
혁명
(1917)

세계
경제
대공황
시작
(1929)

제2차
세계
대전
(1939~1945)

태평양
전쟁
(1941~1945)

국제
연합
성립
(1945)

소련
세계
최초
인공위성
발사
(1957)

소련
아프가니
스탄
침공
(1979)

제4차
중동
전쟁
(1973)

미국
우주
왕복선
콜럼비아
호 발사
(1981)

독일
통일
(1990)

유럽
11개국
단일
통화
유로화
채택
(1998)

미국
9·11
테러
(2001)

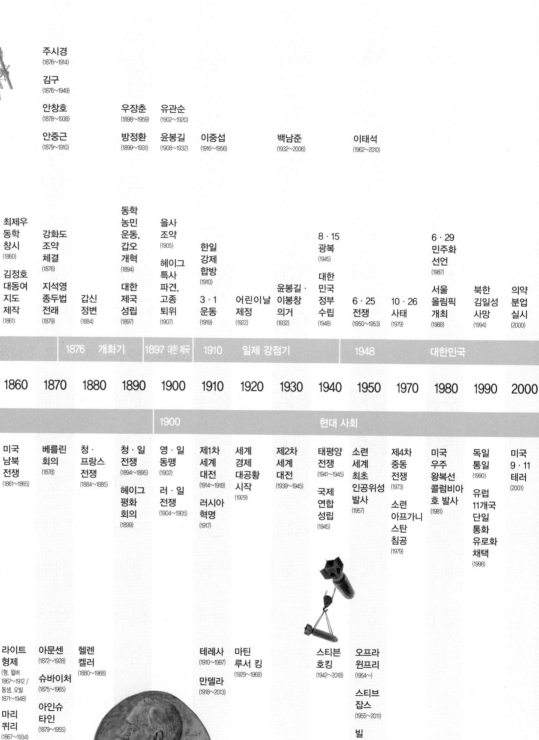

워싱턴
(1732~1799)

페스탈
로치
(1746~1827)

모차
르트
(1756~1791)

나폴
레옹
(1769~1821)

링컨
(1809~1865)

나이팅
게일
(1820~1910)

파브르
(1823~1915)

노벨
(1833~1896)

에디슨
(1847~1931)

가우디
(1852~1926)

라이트
형제
(형. 윌버
1867~1912 /
동생. 오빌
1871~1948)

마리
퀴리
(1867~1934)

간디
(1869~1948)

아문센
(1872~1928)

슈바이처
(1875~1965)

아인슈
타인
(1879~1955)

헬렌
켈러
(1880~1968)

테레사
(1910~1997)

만델라
(1918~2013)

마틴
루서 킹
(1929~1968)

스티븐
호킹
(1942~2018)

오프라
윈프리
(1954~)

스티브
잡스
(1955~2011)

빌
게이츠
(1955~)

2024년 12월 10일 2판 6쇄 **펴냄**
2014년 2월 25일 2판 1쇄 **펴냄**
2008년 10월 30일 1판 1쇄 **펴냄**

펴낸곳 (주)효리원
펴낸이 윤종근
글쓴이 신현득 · **그린이** 신근식
사진 제공 중앙포토
등록 1990년 12월 20일 · **번호** 2-1108
우편 번호 03147
주소 서울시 종로구 삼일대로 457, 406호
전화 02)3675-5222 · **팩스** 02)765-5222

ⓒ 2008 · 2014, (주)효리원

ISBN 978-89-281-0331-7 64990

이메일 hyoreewon@hyoreewon.com
홈페이지 www.hyoreewon.com